HÔTEL DROUOT, SALLES 8, 9 & 10

VENTE LE 6 AVRIL 1870

ŒUVRES

DE

CLÉSINGER

MARBRES, TERRES CUITES, BRONZES

EXPOSITIONS

PARTICULIÈRE	le 4 AVRIL 1870
PUBLIQUE	le 5 AVRIL 1870

Mᵉ **ESCRIBE**
COMMISSAIRE-PRISEUR
6, rue de Hanovre, 6.

M **HARO**, peintre-expert
CHEVALIER DE LA LÉGION D'HONNEUR
14, rue Visconti, 14

1870

CATALOGUE

DES

MARBRES, BRONZES ET TERRES CUITES

DE

CLÉSINGER

Cette vente aura lieu en vertu d'une ordonnance de référé
rendue par M. le Président du Tribunal de première instance de la Seine
en date du 16 mars 1870
(enregistrée)

LE MERCREDI 6 AVRIL 1870

A DEUX HEURES

HOTEL DROUOT

Salles n°° 8, 9 et 16

EXPOSITIONS {
PARTICULIÈRE le Lundi 4 avril 1870
PUBLIQUE.... le Mardi 5 avril 1870

DE 2 HEURES A 5 HEURES

Me ESCRIBE | **M. HARO, peintre-expert**

COMMISSAIRE-PRISEUR | CHEVALIER DE LA LÉGION D'HONNEUR

6, rue de Hanovre, 6 | Rue Visconti, 11, et rue Bonaparte, 20

1870

CONDITIONS DE LA VENTE

Elle sera faite au comptant.

Les acquéreurs payeront cinq pour cent en sus des en-
chères.

Les Expositions particulières et publiques mettant les amateurs à même de se renseigner sur l'état des objets, il ne sera
admis aucune réclamation une fois l'adjudication pro-
noncée.

CE CATALOGUE SE DISTRIBUE

A PARIS, CHEZ

Me ESCRIBE
COMMISSAIRE-PRISEUR
6, rue de Hanovre, 6

M. HARO, Peintre-Expert
CHEVALIER DE LA LÉGION D'HONNEUR
14, rue Visconti, et rue Bonaparte, 20

A LONDRES..	H. DURLACHER, 113, New Bond Street.
—	GOUPIL et Comp., Southampton Street Strand, 17.
A BRUXELLES.. ...	Etienne LEROY, place du Grand-Sablon, 33.
A AMSTERDAM	Roos, in het Huis der Hoolden.
A COLOGNE	HEBERLÉ, marchand d'antiquités.
A BERLIN....	LEPKE, unter, den Linden 12.
A DRESDE	ARNOLD, marchand d'estampes.
A FRANCFORT-SUR-MEIN............	A. BAER, place Schiller, 3.
A MUNICH...... .. .	MEILLINGER, marchand de tableaux.
A VIENNE	Maison GOUPIL, représentant M. Kaeser.
A St-PÉTERSBOURG.	NEGRI père et fils.

VENTE DE CLÉSINGER

MARBRES, TERRES CUITES, BRONZES

On ne peut mettre en doute, à l'ardeur avec laquelle
sont suivies les ventes célèbres, le goût de notre époque
pour les choses de l'art. Quel entraînement, quelle passion, on pourrait presque dire quelle folie, quand on sent
le chef-d'œuvre dont on rêvait depuis longtemps la pos-
session près de vous échapper ! Les surenchères s'exal-
tent, les billets de banque pleuvent, et cette figure : « cou-
vrir d'or un tableau, » qui n'était autrefois qu'une hyper-
bole de rhétorique, est aujourd'hui littéralement vraie,
et même au-dessous de la vérité. Il y a des tableaux qu'on
couvre de plusieurs couches d'or. Jamais la peinture n'a
atteint des prix si élevés que de nos jours. Quelques
esprits chagrins trouvent même ces prix excessifs ; mais,
comme le dit spirituellement Stendhal : « c'est l'avare
qui traite de fou l'homme riche et heureux qui jette un

louis à une petite paysanne en échange d'un bouquet de roses. » Qu'importe au millionnaire de payer cinquante ou cent mille francs un bouquet de couleurs, une tête dont le regard ou le sourire le charme? Mais cet attrait si vif qu'on sent pour la peinture, la statuaire ne semble pas l'inspirer au même degré. On l'admire, on a pour elle un respect mélangé d'une certaine froideur; elle est un peu comme ces femmes d'une beauté si parfaite qu'elles découragent l'amour. Personne n'ose y prétendre, et pourtant elles se laisseraient attendrir plus aisément peut-être que ces figures chiffonnées, toutes de grâce ou de caprice, qui n'imposent pas et dont chacun raffole.

L'amateur se dit : Cette sévère déesse de marbre, cette nymphe dont la chair sculptée a l'étincelante blancheur du Paros, demandent un temple, un palais, une villa princière, ou tout au moins un de ces jolis hôtels que le passant regarde avec envie derrière leur grille festonnée de lierre d'Irlande, sur l'avenue de l'Impératrice ou sur le boulevard Maillot; comment pourrais-je les loger chez moi, dans mon appartement magnifique il est vrai, mais qu'encombrent les recherches du confort moderne? Ces sveltes statues, merveilles du ciseau, légères en apparence, effondreraient mes planchers de bois des îles. Les tableaux sont moins embarrassants. Il suffit de les suspendre par un cordon de soie sur un panneau de damas d'un rouge éteint, dans un superbe cadre de Brustolone.

On les change de place comme on veut. Ils ornent et meublent, mais ne gênent pas ; il faut des rois, des empereurs ou des gouvernements pour se payer le luxe de la sculpture, et l'amateur qui trouve le marbre trop cher achète à un prix énorme une tête de Greuze.

Cette terreur du marbre, les Italiens, les Russes et les Anglais ne l'ont pas. Elle est particulière à la France. Chez eux, les statues, admises dans la familiarité de la vie, habitent les palais et les riches maisons comme des hôtes silencieux, sur lesquels la vue se repose avec plaisir. Leur principal emploi est d'être belles et de conserver le pur idéal de la forme humaine, dont la tradition s'oublierait. Elles rendent en outre les petits services dont une statue est capable. De leur front, comme des cariatides, elles portent le manteau de la cheminée monumentale ; elles s'agenouillent sous la table en pierres dures de Florence ; elles lèvent le bras au-dessus de la tête pour soutenir la lampe au globe laiteux, mais tout cela avec le respect de l'art et de la beauté. La demeure qui les abrite reçoit de leur grâce sérieuse une sorte de majesté que ne saurait égaler le luxe des ornements et des dorures.

Est-il donc si difficile d'admettre chez soi la sculpture ? Si cette Ariane sur son tigre, si cette Charmeuse sur son lion, si cette Néréide sur son monstre marin, ne peuvent monter l'escalier, elles s'arrêteront au péristyle, au bas de la rampe, ou s'arrangeront au fond de la serre, ayant der-

rière elles un rideau de plantes exotiques, ou se mirant
dans l'eau d'un bassin ; mais quel obstacle empêcherait
Cléopâtre de présenter sa fleur de lotus à César, et de se
détacher d'un fond de velours, au fond d'un salon ou d'un
boudoir arrondi en hémicycle ? Sur des colonnes tron-
quées de porphyre, de jaspe sanguin ou de vert antique,
ces élégantes et fines statues de nymphes sauraient bien
se loger dans quelque angle sans gêner personne ; et
croyez-vous que ces bustes charmants, d'une pureté antique ou d'une grâce moderne, feraient mauvais effet sur
la tablette d'une cheminée, à la place des vases de Sèvres
et du Japon ? Ces jolis groupes, réduits, ne couronneraient-
ils pas bien un bloc d'agate-onyx ou de jaspe oriental où
s'inscrirait un cadran de platine, et ne remplaceraient-ils
pas avec avantage une de ces grosses pendules de bronze
doré, d'un éclat si vulgaire ? Vous voyez que la sculpture
n'est pas si sauvage et si farouche qu'on la fait, et qu'elle
ne demanderait pas mieux que de quitter les acrotères
des monuments publics, les galeries froides des musées
et les jardins princiers où elle grelotte, pour venir vivre
avec nous en parfaite intimité, dans nos tièdes habitations,
n'ayant plus à craindre la pluie qui la raye de filets noirs,
la gelée qui la fendille et la mousse qui la couvre de
plaques lépreuses. Elle serait bien contente aussi de ne
plus tendre la main, pour subsister, aux commandes du
ministère, avec l'opiniâtreté d'un pauvre qui se fait dire :
« Passez votre chemin, je vous ai donné ; » car l'État seul

ne peut nourrir un art, il faut que le pays lui vienne en
aide.

Mais pour ces marbres, ces bronzes, ces œuvres lentes
du ciseau, ces jets de métal bouillonnant qui souvent
font éclater le moule, pour ce génie, ce labeur, cette
matière précieuse, qu'elle vienne de la carrière ou de la
mine, il faut de fortes sommes, de l'or pris à pleines mains
dans des coffres inépuisables. Erreur. Une statue coûte
moins que ces stucs, ces ornements appliqués, ces moulures
de carton-pierre, ces dorures que le gaz ternit si vite, et tout
ce faux luxe si ruineux dont rien ne subsistera dans
vingt-cinq ans, et qu'il faut d'ailleurs laisser derrière soi
lorsque le caprice, les coups de fortune et les combinai-
sons de la vie vous forcent à changer de résidence. Pen-
dant que ces oripeaux se fanent sur place et passent à
d'autres maîtres sans profit pour vous, la statue fidèle
quitte son socle et vous accompagne. Son poids ne l'empêche pas de vous suivre, elle ne fait pas partie du mur,
et sait très-bien monter sur le petit chariot à roues basses.
En même temps que vous, elle est à votre nouvelle demeure. Si vous ne l'aimez plus, si vous avez assez de ce
regard blanc, pensif, qui se posait si doucement sur vous,
si vous avez le cœur de vous séparer de cette discrète
amante, eh bien! vous pouvez la vendre; elle est aussi
belle que le jour où elle sortait de l'atelier du sculpteur,
couverte de cette fine neige de marbre qui est la poudre
de riz des statues. Elle est toujours belle, éternellement

jeune. Les années glissent sur elle sans laisser de traces, le temps ne fait que la polir. Une statue n'a pas à craindre les vernis qui jaunissent et s'écaillent, les huiles qui se carbonisent, les couleurs qui poussent au noir. Sur le marbre, pas de retouches, pas de mastic bouchant les trous, pas de repeints ! Sa pureté inaltérable se rit des fumées et des poussières ; un coup d'éponge, et il reprend sa blancheur primitive ; il faut pour l'entamer la hache ou le marteau du barbare. Sans la bombe de Kœnigsmarck, les sculptures du Parthénon nous arrivaient intactes !

Il serait à désirer que l'on eût plus d'amour pour la statuaire, sans pour cela négliger la peinture, sa sœur. C'est la plus noble et la plus durable forme de l'art ; elle n'a pour but et pour moyen que la beauté. Si elle n'a pas les magies de la peinture, les fonds, les couleurs, la perspective, elle offre dans son unité une infinie variété d'aspects. Chaque profil d'une statue montre, pour ainsi dire, une statue nouvelle. La lumière et l'ombre s'y promènent, produisant à chaque heure des effets inattendus. La nuit, qui éteint les tableaux, donne à la sculpture, sous les feux des lampes, un relief plus puissant et une réalité plus saisissante. Que d'excellents motifs pour lui accorder une place à notre foyer et la charger d'ennoblir nos demeures ! Une statue fait d'une chambre un sanctuaire, et d'une maison un temple.

Mais les ventes de sculptures sont rares. Raison de plus pour ne pas laisser passer une occasion presque unique d'acquérir ces marbres d'un statuaire moderne, dont la plupart sont des chefs-d'œuvre qui deviendront d'un prix inestimable, et qui seraient dès aujourd'hui l'ornement des plus riches musées si l'artiste avait l'avantage d'être mort. On a déjà deviné Clésinger, l'auteur de la *Femme piquée par un serpent,* de la *Bacchante se roulant sur des pampres,* celui qui a su mettre tant de vie, de volupté et de passion dans cet art que le public semble croire voué à la froideur, et qui palpite sans rien perdre de sa beauté quand il est touché par une main de flamme. Le catalogue dont nous écrivons la préface contient de quoi orner dix palais et vingt hôtels; il s'y trouve des morceaux de l'exquisité la plus précieuse et de la beauté la plus grandiose.

La *Cléopâtre devant César* est à la fois un chef-d'œuvre et un bijou; elle est riche, ce qui ne l'empêche pas d'être belle; sa chair divine est modelée dans ce marbre de Paros qui, sous sa pulpe transparente, laisse briller des paillettes d'argent. Elle porte une couronne d'or où l'uræus sacré gonfle son col, et Froment-Meurice lui a fabriqué un écrin complet de parures égyptiennes d'un goût aussi charmant que celles trouvées par Mariette dans le tombeau de cette reine de l'ancien empire dont le nom nous échappe. Un collier d'émaux cloisonnés s'arrondit sur sa poitrine; une large ceinture d'or, d'émaux et de turquoises, ayant pour boucle le scarabée mystique, entoure ses hanches et retient les plis étagés de sa *calasiris ;*

un bracelet armillaire ceint son bras gauche, et deux
bracelets, que relie une chaînette d'or, serrent le bras
droit, dont la main offre à César un lotus d'émail et d'or.
Des sandales d'une ornementation délicate et charmante
s'attachent à ses petits pieds, faits pour marcher sur les
nuages. Une faible coloration glauque teinte la calasiris ;
une nuance blonde réchauffe les cheveux, roulés en petites
spirales, à la mode du pays ; des pierres précieuses figurent
les prunelles. Cléopâtre, la reine grecque, a fait cette
galanterie à César de se présenter à lui sous la forme
d'Arthor, la Vénus égyptienne. Cet essai de sculpture
polychrome, accompli avec une sobriété et un goût par-
faits, nous semble plus heureux que la tentative de Simon
pour restituer la statue chryséléphantine de Pallas-Athéné.
L'harmonie générale n'est pas troublée par la différence
des matières, et l'œil se repose avec délices sur la tête
charmante et le torse d'un modelé si souple et si fin que
Cléopâtre a laissé nu pour suprême séduction. Quel effet
produirait sur son socle de porphyre, se détachant d'une
tenture de velours rouge, à l'extrémité d'un salon prin-
cier, cette statue qui pourrait lutter contre tous les
luxes !

Dans la *Mort de Lucrèce*, l'artiste, qui parfois se laisse
aller à d'élégants caprices, montre qu'il ne réussit pas
moins lorsqu'il se borne aux sévères ressources de la
sculpture. Cette magnifique statue de Lucrèce expirante
est prise dans un marbre sans tache, comme l'héroïne

qu'il représente. Jamais matière plus pure ne servit à formes plus nobles et plus chastes. Lucrèce, se punissant d'un crime involontaire, d'un déshonneur subi et non partagé, s'est affaissée sur un fauteuil, après avoir demandé vengeance. Une de ses mains, qui pend le long de son corps, a laissé échapper le poignard, et l'autre, à demi ouverte, flotte sur le genou parmi les plis de la tunique, déjà abandonnée par la vie. Sa tête penche sur sa poitrine avec un sentiment de douloureuse pudeur. La draperie, légèrement écartée, découvre sous le sein gauche les lèvres éloquentes de la blessure. Rien de plus beau et de plus antique. Quel concert d'éloges ne provoquerait pas un pareil chef-d'œuvre, si on le déterrait dans une fouille du Palatin !

La *Diane au repos* n'est pas la mignonne Diane, si svelte et si légère, qui vole en tunique courte, puisant par-dessus l'épaule un trait dans son carquois, la Diane qu'on prendrait presque pour un jeune éphèbe, tant la femme s'accuse en elle de façon indécise. Sans être moins belle, la Diane de Clésinger est plus grande, plus robuste, et de taille à poursuivre, avec ses molosses de Laconie, des bêtes plus redoutables que les biches fugitives. C'est la grande chasseresse sauvage, la vierge farouche des forêts qui fuit dans les bois la corruption de l'Olympe, qui ne connaît pas le berger du Latmos, et se venge si cruellement d'Actéon. Dans cette Diane au repos, il y a un peu de la Phœbé céleste et de l'Hécate infernale, comme si le sta-

tuaire avait voulu résumer dans les traits d'une seule figure
cette triple personnalité. Après avoir forcé quelque san-
glier ou quelque lion,— il y en avait en Grèce aux temps
mythologiques, témoin le lion de Némée,— elle dort dans
une pose d'une grâce superbe, parmi les dogues qui gar-
dent la chasteté de son sommeil.

Une des œuvres les plus animées de ce statuaire, et qui
a le don de la vie, est la *Danseuse aux cymbales*. Ce
marbre vit, palpite et remue. Les bras levés en l'air, la
tête renversée, la bouche entr'ouverte, la gorge saillante
dans ce mouvement d'une cambrure hardie, la danseuse,
de ses pieds agiles, suit le rhythme rapide. Sa tunique
agitée flotte autour d'elle comme une écume légère, et
quand on s'arrête devant elle, on pense à cette hôtesse
syrienne dont parle Virgile, si savante à remuer ses flancs
au son des crotales. On a eu pitié de cette belle créature
à la danse fougueuse, en ne la scellant pas à un piédestal
immobile : elle a un socle qui tourne.

La Vierge et l'Enfant Jésus bénissant le monde
prouvent que la sculpture religieuse fournit à Clésinger
d'aussi heureuses inspirations que la sculpture mytholo-
gique. L'artiste a donné à sa Vierge un type qui se rap-
proche un peu du type choisi par Michel-Ange pour les
madones de ses *Pieta*. Dans sa fierté tranquille, elle tient
entre ses genoux l'Enfant Jésus déjà grandelet, qui étend
les bras avec un geste plein de force et d'énergie. On sent
que la Vierge a la conscience d'être la mère d'un Dieu.

La place de ce beau groupe est toute marquée dans un
oratoire de reine ou de princesse.

Souvent, à Naples, le voyageur s'étonne de voir ces statues voilées ou recouvertes d'un filet laissant deviner les
formes, patients tours de force où excelle l'adresse des
sculpteurs indigènes. Ce miracle, qui surprend les tou-
ristes, Clésinger l'a réalisé dans *l'Attente* avec un rare
bonheur. L'Attente est représentée par une jeune fille
assise sur un tronc d'arbre, une main repliée sous la gorge
et retenant quelques plis, l'autre appuyée à la racine
coupée qui lui sert de siége; un voile léger couvre sa tête,
mais n'empêche pas de voir les traits gracieux de son vi-
sage et les purs contours de ses epaules et de sa poitrine.
Une gaze ne serait pas plus transparente que ce voile de
marbre. Nous ne savons qui attend cette beauté mysté-
rieuse. Est-ce un berger ou un roi? En tout cas, elle
n'attendra pas longtemps.

Le *Taureau vainqueur*, en marbre de Sbardiglio, s'a-
vançant sur son socle en porphyre vert antique avec la ma-
jestueuse infatuation du triomphe, serait digne d'incarner
Jupiter et d'enlever sur son dos Europe charmée. Quoi-
que ce ne soit pas sa spécialité, Clésinger égale, s'il ne
dépasse pas en ce genre, les plus célèbres animaliers
de profession. Qu'auraient dit de ce taureau les Grecs qui
admiraient tant la vache de Myron? tous les poëtes de
l'Anthologie l'eussent célébré dans leurs épigrammes.

Imprimer le caractère de la force aux formes molles et

rondes de l'enfance, faire sentir le futur dompteur de monstres dans l'Hercule au berceau, c'était là une tâche difficile ; l'artiste s'en est admirablement acquitté. Fermement piété sur ses jambes où se pressentent les musculatures de l'athlète, l'Hercule enfantin serre près de la gorge, de ses petites mains déjà inéluctables, les serpents envoyés par Junon. Il tient éloignées de son corps, pour éviter le venin des morsures, les hideuses bêtes qui sifflent et se tordent dans leur rage impuissante. Ce robuste enfant fait présager l'Hercule Farnèse.

Nous passerons plus rapidement sur l'*Enfance de Bacchus*, gracieux groupe en marbre de Sbardiglio, et sur le Faune et la Faunesse, où le statuaire a très-bien rendu le type de ces demi-dieux rustiques, moitié railleurs, moitié lascifs, car la place va bientôt nous manquer, tant l'œuvre de Clésinger, dont nous ne voyons ici qu'une faible partie, abonde en morceaux remarquables, et nous arrivons à la *Charmeuse*. C'est une jeune fille de la beauté la plus séduisante et tout à fait digne du nom que le statuaire lui a donné. Elle est assise avec une nonchalance pleine de sécurité, la tête penchée coquettement, sur le dos d'un lion soumis à ses caprices, se retenant à peine à la crinière de sa monture et ne daignant même pas le brider de la guirlande de fleurs, roses, liserons, pavots, dont elle tient les extrémités. Le lion n'a pas, comme celui de la fable, livré ses ongles aux ciseaux et ses dents à la tenaille. Son rictus laisse voir des crocs formidables ; ses pattes énormes

sont garnies de griffes puissantes; il est charmé, non dés-
armé, et marche apprivoisé sans doute, mais farouche
encore, et s'il obéit, c'est qu'il le veut bien.

L'*Apollon* est une élégante statue qui rappelle la grâce
italienne de Canova. Le dieu vient d'interroger sa lyre et
il semble écouter avec complaisance l'accord rendu par
les cordes sonores.

Parmi tous ces morceaux charmants ou grandioses,
nous avouons notre préférence pour la *Néréide*; c'est
une variante très-heureuse de ce sujet antique : « la
Femme caressant sa chimère, » qui plaisait tant à Balzac,
et qu'on voyait reproduit sur une muraille de Pompeï.
La Néréide, une jambe repliée sous la cuisse, l'autre al-
longée, est couchée sur le dos du monstre marin, une
sorte de phoque ou de marsouin idéalisé. Du bras gauche elle s'accoude à l'épaule du monstre, et du bras
droit elle lui entoure le col. La bête, charmée de la ca-
resse, tourne amoureusement sa face canine vers la Néréide, qui fixe sur elle son regard fascinateur et doux
et qui a l'air de lui dire : « Soyez bien sage et ne faites
pas de culbutes au moment qu'on s'y attend le moins. »
La tête de la nymphe, coiffée d'algues et de pétoncles, est
charmante, et le corps, pur comme le marbre grec d'où il
est tiré, a toutes les souplesses et les élégances modernes.
On dirait qu'une des reines de la mode qui fréquentent la
plage de Trouville a eu le caprice, laissant son costume
de bain, de se métamorphoser en déesse de la mer.

On peut le dire hardiment sans crainte d'être taxé d'exagération, le *Triomphe d'Ariane*, groupe colossal en marbre de Carrare, est le plus remarquable morceau qu'ait produit la statuaire à notre époque. Nous avons déjà eu l'occasion d'exprimer notre sentiment à propos de ce chef-d'œuvre, et nous n'avons rien de mieux à faire que de le reproduire. Un second examen n'a modifié en rien notre avis ; ce que nous pensions alors nous le pensons encore aujourd'hui. Voilà ce que nous disions : « On éprouve, en regardant le groupe colossal d'Ariane montée sur son tigre, une surprise d'admiration respectueuse, nous dirions presque religieuse. L'idée d'une force inéluctable vous domine. Il n'y a rien là de l'agrément voluptueux de l'Ariane de Danecker, qu'on montre à Francfort, reflétée de rose par un rideau de pourpre ; c'est l'amante de Thésée, maintenant l'épouse de Bacchus, une femme des grandes époques héroïques et mythologiques, symbolisant désormais l'abondance, la fécondité, la force civilisatrice. Calme et fière, elle s'allonge, comme sur un lit de repos. sur le dos du tigre, qui marche tête basse, l'œil oblique, à la fois impatient et heureux de son fardeau. D'une main elle écarte sa draperie, découvrant à moitié son beau corps ; de l'autre, pleine d'épis et de grappes, elle s'appuie sur le crâne plat du monstre. Une de ses cuisses se relève, ramenant la jambe repliée, et l'autre pied s'étend sur la croupe du tigre, continuant la belle ligne de l'attitude. Le torse, avec ses seins aigus, ses divisions accusées, ses grands plans, sa musculature puissante, ses chairs marmoréennes d'où la force n'exclut pas la grâce et la séduction, rappelle le type de femme aimé de Michel-Ange. Cette Ariane est sœur de l'Aurore et de la Nuit, si fièrement couchées, à Florence, sur les volutes du tombeau des Médicis. Comme elles, par sa beauté farouche et superbe, elle appartient à cette race de femmes titanesques des mondes primitifs, lorsque la terre, encore jeune et pleine de séve, produisait des êtres splendides et grandioses, dont l'espèce semble aujourd'hui perdue. »

Signalons cette *Cleopâtre mourante*, dont tout le luxe cette fois est dû au ciseau de Clésinger, et qui se tord dans le marbre, toujours belle et séduisante, coquette même avec la mort, sous la morsure de l'aspic ; cette *Sapho* que le statuaire, malgré la tradition, qui refuse la beauté à la muse de Mytilène, a faite séduisante à rendre incompréhensible le dédain de Phaon et le saut de Leucade ; cette *Hélène* qui ferait, comme dans l'*Iliade*, se lever à son passage les vieillards assis aux portes Scées; cette *Léda* d'un abandon si chaste et si voluptueux, palpitante sous l'aile neigeuse du cygne, et tous ces bustes charmants, d'une grâce si variée, d'une beauté si pure, qu'on prendrait tantôt pour des bustes antiques, tantôt pour des pastels de marbre, tant la dure matière est devenue souple sous le ciseau de l'artiste. Nous ne pouvons décrire l'une après l'autre, et nous le regrettons bien : *Phryné, le*

Moineau de Lesbie, le Printemps, la Rose, la Marguerite, le Laurier-Rose, le Camellia, désignations gracieuses qui se rapportent à de ravissants types de femme; *la Tragédie, l'Ariane, l'Hélène,* et ce *Páris,* plus beau que le fantôme évoqué par Méphistophélès à la représentation antique donnée pour les fêtes de la cour, et dont la vue faisait soupirer d'amour toutes les dames et les filles d'honneur. Mais arrêtons-nous un moment pour regarder cette chouette qui retourne de la griffe un crâne couronné, avec l'interrogation philosophique d'un Hamlet emplumé. Quel sérieux mêlé d'ironie dans le masque de cet oiseau, compagnon classique de Minerve, faisant sonner ce crâne vide comme un grelot, en disant avec un accent dramatique : « Alas poor King! » Cette fantaisie pleine d'humour est une merveille d'exécution.

Mais tout cela, diront quelques amateurs timides, est bien monumental, bien coûteux, bien impossible à loger dans des maisons ordinaires. On y a pensé, et les mêmes motifs, reproduits en terre cuite, en bronze, sous des dimensions moindres, peuvent pénétrer chez vous; ils ne perdront que leur grandeur et garderont toute leur beauté : le plus petit objet portera la griffe du maître.

THÉOPHILE GAUTIER.

MARBRES

MARBRES

1 — Cléopâtre devant César.

Cette statue, exposée en 1869, représente Cléopâtre au moment où elle offre à César la fleur du lotus.

Statue en marbre de Paros, socle en porphyre. Bijoux exécutés par Froment-Meurice.

Hauteur, 1^{m},55. — Largeur, 0^{m},82.

2 — La Mort de Lucrèce.

Cette statue, exécutée à Rome de 1863 à 1867, représente Lucrèce assise, affaissée et mourante ; ses vêtements entr'ouverts laissent voir la blessure du poignard que sa main, déjà roidie, vient de laisser échapper. La physionomie est empreinte d'une expression douloureuse, dernier symptôme de la vie.

Statue colossale en marbre de Carrare dit Grestola.

Hauteur, 1ᵐ,65. — Largeur, 2ᵐ,10.

3 — Diane au repos.

Groupe colossal en marbre de Carrare dit Grestola.

Hauteur, 1ᵐ,35. — Largeur, 1ᵐ,55.

4 — La Danseuse aux Cymbales.

Statue en marbre de Carrare dit Grestola.

Socle mobile en marbre.

Hauteur, 1ᵐ,84. — Largeur, 0ᵐ,68.

5 — La Vierge et l'Enfant Jésus bénissant le monde.

Ce groupe, exécuté à Rome en 1867, représente la Vierge tenant Jésus enfant sur ses genoux.

Groupe colossal en marbre de Carrare dit Grestola.

Hauteur, 2ᵐ,10. — Largeur, 1ᵐ,00.

6 — Femme voilée (*l'Attente*).

Statue en marbre de Carrare dit Grestola, exécutée à Rome en 1868.

Socle en marbre.

Hauteur, 1ᵐ,17. — Largeur, 0ᵐ,52.

7 — Le Taureau vainqueur.

Marbre de Sbardiglio, exécuté à Rome en 1869.

Socle en porphyre vert antique.

Hauteur, 1ᵐ,10. — Largeur, 1ᵐ,15.

8 — Hercule enfant étouffant des serpents.

Cette statue a été exécutée à Rome en 1868.

Marbre de Carrare dit Grestola.

Socle en marbre.

Hauteur, 1^m,10. — Largeur, 0^m,50.

9 — La Jeunesse de Bacchus.

Ce groupe a été exécuté à Rome en 1868.

Marbre de Sbardiglio.

Socle en marbre.

Hauteur, 0^m,92. — Largeur, 1^m,10.

10 — Faune et Faunesse.

Ce groupe a été exécuté à Rome, en marbre de Carrare dit Grestola.

Socle en marbre.

Hauteur, 0^m,90. — Largeur, 0^m,72.

11 — La Charmeuse.

Groupe exécuté à Rome en 1868, en marbre de Carrare dit Grestola.

Socle en marbre.

Hauteur, 1^m,02. — Largeur, 1^m,05.

12 — Apollon.

Statue exécutée à Rome en 1869, en marbre de Carrare dit Grestola.

Colonne mobile en marbre vert.

Hauteur, 1^m,12. — Largeur, 0^m,70.

13 — La Néréide.

Groupe exécuté à Rome en 1869, en marbre grec.

Hauteur, 0^m,60. — Largeur, 1^m,05.

14 — Mort de Lucrèce.

Statue en marbre de Carrare dit Grestola.

Hauteur, 0^m,85. — Largeur, 1^m,10.

15 — Triomphe d'Ariane.

Ce groupe représente l'Ariane indienne, femme de Bacchus, déesse de l'Abondance, le corps entièrement allongé sur un tigre; elle retient de la main gauche les plis d'une ample draperie; la main droite, appuyée sur la tête de l'animal, tient une gerbe d'épis. La tête, tournée de trois quarts, est couronnée de pampres.

Groupe de marbre de Carrare dit Grestola.

Hauteur, 1^m,10. — Largeur, 1^m,25.

16 — La Cléopâtre mourante.

Statue en marbre de Carrare dit Grestola.

Hauteur, 0^m,25. — Largeur, 0^m,95.

17 — Cléopâtre devant César.

Statue en marbre de Carrare dit Grestola.

Hauteur, 0^m,85. — Largeur, 0^m,25.

18 — Léda.

Groupe en marbre de Carrare dit Grestola.

Hauteur, 0^m,35. — Largeur, 0^m,72

19 — Sapho.

Cette statue, exécutée à Paris en 1869, représente Sapho au moment où elle se précipite dans les flots.

Deuxième étude.

Statue en marbre de Carrare dit Grestola.

Hauteur, 0^m,95. — Largeur, 0^m,44.

20 — Hélène.

Statue en marbre de Carrare dit Grestola.

Hauteur, 0m,95. — Largeur, 0m,44.

21 — Phryné.

Buste avec bras en marbre de Carrare dit Grestola.

Hauteur, 0m,81. — Largeur, 0m,40.

22 — Le Moineau de Lesbie.

Buste avec bras en marbre de Carrare dit Grestola.

Hauteur, 0m,74. — Largeur, 0m,47.

23 — Pâris.

Buste en marbre de Carrare dit Grestola.

Hauteur, 0m,80. — Largeur, 0m,52.

24 — Hélène.

Buste en marbre de Carrare dit Grestola.

Hauteur, 0m,73. — Largeur, 0m,46.

25 — Hélène.

Deuxième étude.

Buste avec bras en marbre de Carrare dit Grestola.

Hauteur, 0m,67. — Largeur, 0m,46.

26 — Le Printemps.

Buste en marbre de Carrare dit Grestola.

Hauteur, 0m,67. — Largeur, 0m,46.

27 — Ariane.

Buste colossal en marbre de Cararre dit Grestola.

Hauteur, 0m,85. — Largeur, 0m,55.

28 — La Marguerite.

Buste en marbre de Carrare dit Grestola.

Hauteur, 0^m,75. — Largeur, 0^m,45.

29 — Le Camellia.

Buste en marbre de Carrare dit Grestola.

Hauteur, 0^m,75. — Largeur, 0^m,45

30 — La Femme tragique.

Buste en marbre de Carrare dit Grestola.

Hauteur, 0^m 63. — Largeur, 0^m 43

31 — Taureau romain.

Marbre rouge.

Hauteur, 0^m,60. — Largeur, 0^m,76.

32 — Chouette et Tortue

Deuxième étude.

Allégorie.

Groupe en marbre de Carrare dit Grestola.

Hauteur, 0^m,33. Largeur, 0^m,30.

TERRES CUITES

TERRES CUITES

36 — Faune et Faunesse.

37 — Lucrèce mourante.

38 — Le Triomphe d'Ariane.

39 — Léda.

40 — Hibou et Tête de mort (allégorie).

41 — Le Moineau de Lesbie.

42 — Phryné.

43 — Pàris.

44 — Hélène.

45 — Le Printemps.

46 — Judith

47 — Le Mois de Mai.

48 — Danseuse.

49 — Sapho.

BRONZES

BRONZES

50 — Faune et Faunesse.

Hauteur : 0^m, 90; largeur : 0^m, 72.

51 — Taureau romain.

Hauteur : 1^m, 10; largeur : 1^m, 55.

52 — Taureau vainqueur.

Hauteur : 1ᵐ,10 ; largeur : 1ᵐ,55.

53 — La Jeunesse de Bacchus.

Hauteur : 0ᵐ,92 ; largeur : 1ᵐ,10.

54 — Lucrèce mourante

Hauteur : 0ᵐ,85 ; largeur : 1ᵐ,10.

55 — Le Triomphe d'Ariane.

Hauteur : 1ᵐ,10 ; largeur : 1ᵐ,25.

56 — Sapho.

Hauteur : 0^m, 95 ; largeur : 0^m, 44.

57 — Phryné.

Hauteur : 0^m, 81 ; largeur : 0^m, 40.

58 — Le Moineau de Lesbie.

Hauteur : 0^m, 74 ; largeur : 0^m, 47.

59 — Christ (dernier soupir).

Hauteur : 0^m, 65 ; largeur : 0^m, 45.

60 — Christ (dernier regard).

Hauteur : 0ᵐ, 65 ; largeur : 0ᵐ, 45.

61 — La Femme à la Rose.

Hauteur : 0ᵐ, 63 ; largeur : 0ᵐ, 44.

62 — La Femme au Lierre.

Hauteur : 0ᵐ, 63 ; largeur : 0ᵐ, 44.

63 — Danseuse.

Hauteur : 0ᵐ, 62 ; largeur : 0ᵐ, 43.

64 — Pâris.

Hauteur : (^m,80; largeur : 0^m, 52.

65 — Hélène.

Hauteur : 0^m, 73 ; largeur : 0^m, 46.

66 — Le Mois de Mai.

Hauteur : 0^m, 59 ; largeur : 0^m, 40.

67 — Ariane.

Hauteur : 0^m, 85 ; largeur : 0^m, 55.

68 — Combat de Taureaux.

69 — Judith.

Typographie A. Pougin, 13, quai Voltaire.

CARTE D'ENTRÉE

VENTE

CLÉSINGER

MARBRES, BRONZES ET TERRES CUITES

HOTEL DROUOT — SALLES N° 9 & 10

Exposition particulière le 4 Avril 1880, de 2 à 5 heures

Me ESCRIBE, Commissaire-Priseur   **M. HARO**, Peintre-Expert

www.ingramcontent.com/pod-product-compliance
Ingram Content Group UK Ltd.
Pitfield, Milton Keynes, MK11 3LW, UK
UKHW031747170726
13836UKWH00002B/935